EMANUELLI

LA RÉPUBLIQUE

—

LES ROIS

—

L'IMPOT

—

Les impôts qui portent sur les objets de première nécessité, avec un air de justice apparent, sont au fond très-injustes. — J.-J. ROUSSEAU.

Les impôts sont nécessaires ; la meilleure manière de les lever est celle qui facilite davantage le travail et le commerce. — VOLTAIRE.

C'est la richesse et non le travail qui doit payer l'impôt, et la justice veut que les taxes soient proportionnelles aux facultés de ceux qui les paient. — CAHIERS DU TIERS ETAT.

Le peuple qu'on accable d'impôts finit par n'en plus payer. — MALESHERBES.

—

PRIX : 1 FR.

—

PARIS

CHEZ TOUS LES LIBRAIRES

—

1874

AVANT-PROPOS

Un mot d'abord sur la situation de l'Europe
en général, se débattant et protestant, ici,
sous les étreintes du jésuitisme, là, des po-
tentats qui, on n'en doit point douter, s'entendent tous pour écraser les peuples, car
leur pacte est éternel, et quelles que soient
leurs querelles, leur but ne diffère jamais
quand il s'agit d'asservir, de pressurer les
nations.

Que ceux donc qui de bonne foi croient
que tel ou tel fera mieux que son prédéces-
seur, se tiennent pour avertis que tant que
nous resterons inféodés à des individualités

royales ou autres, notre espoir dans un meilleur sort sera une vaine chimère, un mirage trompeur, et tous nos efforts et tous nos sacrifices n'engendreront que luttes stériles, misère, oppression et déceptions.

Le remède est dans nos mains; usons-en avec discernement, avec énergie, avec sagesse, et n'allons point le chercher dans des institutions dont nos aïeux ont tant souffert et dont l'histoire nous a transmis les gémissements et les douleurs.

Il faut donc les combattre sans relâche, car la simple logique les réprouve et l'honnêteté les repousse, parce que, comme toujours, elles ne peuvent avoir pour résultat que l'abus sous toutes ses formes, les hommes qui les soutiennent n'ayant pour unique objectif qu'un égoïste intérêt personnel et un désir immodéré de domination.

LA RÉPUBLIQUE

LES ROIS — L'IMPOT

Depuis que les emprunts d'État et munici-
paux ont presque annulé l'hypothèque et la
commandite, la fortune publique tend de plus
en plus à se centraliser dans quelques mains
souvent fort peu loyales et à augmenter par
conséquent le nombre des prolétaires par la
faculté donnée aux détenteurs de gros capitaux de créer des monopoles dans toute
espèce d'entreprise, de commerce et d'industrie.

On doit donc prévoir et surtout prévenir, s'il se peut, le moment où la France en particulier ne sera plus du tout cette nation modèle que 89 avait faite avec ses libertés, ses franchises et la possibilité pour chaque citoyen honnête et laborieux d'arriver par un travail plus ou moins long, sinon à la fortune, mais du moins à cette modeste aisance qui donne non-seulement le bien-être à l'époque de la vie où les forces et l'énergie viennent à nous manquer, mais encore l'indépendance et l'affranchissement, dans une juste mesure, du joug des hommes.

Il était donné à des gouvernements aveugles, issus de la force, d'atteindre un résultat si fâcheux en tolérant certains genres d'affaires, *véritables traquenards* qui ne devaient profiter en définitive qu'à ceux qui les mettaient en avant sous prétexte d'accomplir de grandes choses, et dont la lamentable issue devait être l'appauvrissement des masses et leur

réduction au triste et indigne rôle de bêtes
de somme.

Napoléon III qui naguère s'était flatté de
vouloir, lorsqu'il serait tout-puissant, étein-
dre le paupérisme, a favorisé plus qu'aucun
autre ce mouvement, et il a été le principal
moteur de cette grande machine qui devait
tout anéantir, hommes et choses, au profit
de quelques ambitieux et cupides accapareurs
d'affaires, de priviléges, de sinécures et de
cumuls.

De sorte qu'aujourd'hui on doit considérer
per omnes modos et casus l'ancien humanitaire
du fort de Ham, comme l'instigateur, le direc-
teur occulte du plus grand abus qui se soit
consommé sous son règne. Ceux, par conséquent, qui ne croient pas aux billevesées de
la plupart de nos *panégyristes salariés*, peuvent voir maintenant dans le trépassé mo-
narque, pour des raisons indéniables et qui
sautent aux yeux des moins clairvoyants, non
plus le partisan de l'extinction du paupéris-

me, mais bien celui de l'*extension du paupérisme*.

Messieurs les bonapartistes sont donc mal venus à soutenir que leur idole était sincère dans ses écrits.

Il y a un livre que le peuple, toujours vaincu, toujours opprimé, comprend mieux que tout ce fatras de formules, tout cet arsenal de théories, faites tout au plus pour distraire les oisifs et jeter de la poudre aux yeux des niais : c'est le livre du ménage dont le côté de la dépense augmente souvent d'autant plus que celui de la recette diminue davantage ; c'est celui du pauvre industriel, du malheureux commerçant accablés d'entraves et d'impôts qui atteignent surtout le consommateur et le frappent dans toutes les choses aussi indispensables que l'air qu'il respire, le réduisent souvent au désespoir, et lui donnent la mort avant le temps.

Oui, c'est le fisc, cette *pieuvre* aux mille

tentacules, qui, impitoyable comme le dés-
tin, hurle et menace devant la porte de la
chaumière et de l'atelier tant qu'il y flaire
quelque chose d'imposable, tandis que les
grands seigneurs du jour sont *farcis, bourrés,*
blindés, cuirassés de titres, de valeurs qui les
dispensent de concourir à réparer les ruines
auxquelles ils ont cependant — que ceci
leur soit dit en passant — le plus con-
tribué.

La docilité avec laquelle ils se prêtaient
aux combinaisons financières du feu Empire
pour faciliter ses *exploits*; l'ardeur de leurs
journaux à séduire et faire affluer avec une
sorte de frénésie vertigineuse les capitaux
dans les caisses de l'Etat; le bon usage qui
en a été fait, sont, ce nous semble, une
preuve suffisante que ce que nous disons ici
à nos lecteurs est de la raison et non de la
passion.

Mais qu'importe la raison à ceux qui se
soucient si peu d'avoir tort pourvu qu'ils

palpent de gros revenus, de fabuleux béné-
fices à la barbe du contribuable.

Aussi, lorsque l'on envisage l'avenir, on se
sent pris d'une grande terreur, d'une amère
tristesse, même en le comparant aux épo-
ques les plus funestes du passé, car, la terre
et l'industrie, quelque fécondes qu'elles
soient, ne pourront pas toujours satisfaire tant
d'insatiables appétits et fournir à ceux qui
en ont aliéné pour longtemps le revenu, de
scandaleux superflus escomptés, notamment
chez nous, sur le labeur de plus d'un siècle.

En outre, et c'est là un des caractères les
plus saillants de ce temps-ci, une certaine
catégorie d'individus veut absolument se
soustraire au travail producteur, unique
source de la richesse, et se procurer des
rentes par n'importe quels moyens. Ils y
visent non par une lutte loyale, noble et
puissant stimulant d'une société indus-
trieuse, mais par la ruse, la fraude, le
mensonge et quelquefois le vol.

Tels qui devraient se contenter d'une honnête fortune acquise par le travail et les combinaisons licites, veulent absolument la réaliser en un tour de main et en semant des ruines autour d'eux; tels qui, s'ils étaient pénétrés des principes d'équité, de solidarité, devraient s'intéresser à ceux qui les aident à acquérir ou à augmenter un légitime avoir, oubliant maintenant plus que jamais ces mêmes principes par une éducation malsaine, développée sous le second empire et favorisée par les pères de nos *crevés* avec un zèle et une persistance sauvages, ne s'appliquent plus qu'à se procurer d'effrénés plaisirs en grugeant, en trompant les personnes dont ils parviennent à capter la confiance.

Ils sont si aimables les *modernes chevaliers de l'ordre si connu de tant de dupes !* les faiseurs de tours qui sentent *sensiblement le bagne,* que la masse stupide des individus qu'on pourrait appeler les immondices de la finance, s'y laissent prendre, tout rusés qu'ils croient être, non moins facilement que certains hommes qui nous paraissaient sérieux, s'éprennent et font mille folies pour des filles perdues.

Aussi qu'arrive-t-il? Que ces piliers de bourse et d'estaminets qui s'étaient bercés de l'espoir d'atteindre un jour aux incommensurables hauteurs de la fortune, en allant de temps en temps donner quelques poignées de main et parler tout bas à l'oreille de leurs compères et complices du temple de Judas ; comme sur cent de ces individus, véritable tourbe d'un pays, il y en a fatalement quatre-vingt-dix-neuf qui se ruinent, on comprend ce que peut devenir cette espèce de monde interlope et parasite, et quel rôle il doit désormais jouer dans la société. Ce rôle, on le devine, ne peut être que celui de faiseurs de dupes, car, tant que ces *nouveaux seigneurs* qui tiennent le haut du pavé des grandes cités, ont à leur disposition les ressources qui permettent à l'homme le plus pervers, le moins honnête, de remplir ses engagements, ils le font tant bien que mal ; mais du jour où ayant compromis un crédit souvent fictif, et même ce que d'autres avaient gagné pour eux dans un commerce régulier ; du jour où ils se sentent impuissants à continuer leurs manœuvres et à faire face aux exigences qu'amène tôt ou tard une situation *véreuse*, oh ! alors, n'en doutez pas, ils deviennent les plus dangereux ennemis de l'ordre, non de cet ordre à la *Varsovie* qui est le leur, mais de l'ordre social véritable, comme l'entendent les honnêtes gens.

Ils seront de tous les partis tant que ces partis leur fourniront à tour de rôle les ressources convenues, et, quand viendront les dégringolades, ils s'accrocheront aux plus forts et chanteront tour à tour la royauté, l'empire, la république, et mèneront joyeuse vie au milieu des ruines de la patrie. Serpents multicolores, ils sauront se glisser partout où il y aura quelque chose à enlacer, quelque trahison à accomplir, quelque bave à répandre sur les honnêtes citoyens mourant de faim et expiant leur désintéressement et leur patriotisme dans une situation intolérable et qui montre, dans un avenir rempli de périls, la destruction des forces vives d'une nation par les émigrations et les mécontentements qu'elle provoque.

Quant aux *rois* qu'on essaie de nous imposer, grâce aux fautes commises par ceux auxquels le peuple avait cru pouvoir confier ses destinées, voici ce que Malherbe, une des gloires du parnasse français, en disait il y a quelques cents ans :

En vain pour satisfaire à nos lâches envies,
Nous passons près des rois tout le temps de nos vies
A souffrir des mépris, à ployer les genoux;
Ce qu'ils peuvent n'est rien, ils sont ce que nous sommes,
Véritablement hommes,
Et meurent comme nous.

Pourquoi donc y a-t-il encore aujourd'hui

tant d'individus qui se prosternent, qui sont
en quelque sorte en adoration devant un
homme? La réponse à cette question est
bien simple : La République, *plus juste que
les rois,* menace leurs anciens priviléges,
efface le prestige qui fait toute leur force
auprès des ignorants, et doit tôt ou tard les
forcer à être ni plus ni moins que les autres
citoyens que Dieu, ce Dieu qu'ils invoquent si
souvent, a faits, n'en déplaise à leur *dévote et
fervente vanité,* de chair et d'os comme eux.

Voilà pourquoi ils veulent un roi, un plas-
tron qui les protége à ses *risques et périls*
comme feu Louis XVI. — On sait ce qu'il en
advint. — C'est donc pour eux et non pour
lui qu'ils se montrent si ardents, si passion-
nés, et lorsqu'il sera là, installé sur son
trône, au milieu de ses courtisans et valets,
qu'il en ait ou non fait la promesse, voici ce
qu'on aura l'honneur de demander à sa majesté très-catholique, apostolique et romaine :

Mutilation du suffrage en attendant sa

suppression, du moins pour ceux qui y ont
le plus de droit parce qu'ils ont besoin d'être
protégés; réorganisation de l'armée de terre
et de mer sur l'ancien pied, avec les hauts
grades réservés aux nobles; multiplication
des sinécures; règlementation des études
universitaires sous la surveillance des évê-
ques; nomination de tous les maires par le
roi; prépondérance du clergé dans toutes
les questions politiques; intolérance en matière de religion; le catholicisme religion
d'Etat; proclamation de l'infaillibilité du
Pape; décrets contre les hérétiques; alliance
avec les gouvernements despotiques quelle
que soit leur religion — *ceci importe peu;*
entre monarques comme avec le ciel il est des
accommodements; — suppression de la liberté
de la presse excepté pour les journaux qui
ont fait leur éducation politique dans l'histoire du père Loriquet; plus de réunions
publiques; protection des jésuites; subven-
tions aux couvents; billets de confession ou

point de travail, point de secours ; augmentation du traitement des curés, diminution de celui des instituteurs laïques ; formation — *ceci va de soi* — d'une garde étrangère pour sa majesté et sa cour ; augmentation des heures de travail, diminution des salaires — *ceci est juste;* — pas d'instruction gratuite et obligatoire, *c'est encore juste : l'homme destiné à gratter la terre n'a pas besoin d'instruction; on peut passer cela aux Anglais ou aux Allemands qui, en leur qualité de protestants, ne sont pas des hommes comme les autres.* Augmentation de tous les impôts sur le travail ; subordination des instituteurs aux curés ; obligation du mariage religieux ; observation obligatoire du dimanche ; exclusion des juifs et des protestants de tous les emplois publics, etc., etc.

Nous bornons ici cette consolante nomenclature, car si nous voulions énumérer toutes les mesures anti-sociales édictées d'avance par ceux qui ont juré une guerre éternelle à

l'esprit de liberté, un gros volume n'y suffirait pas.

On le voit, l'hécatombe serait complète.

Voilà les belles, les magnifiques choses qu'il nous serait donné de voir insensiblement se produire si, par un coup d'audace ou de surprise, les royalites devenaient complétement nos maîtres. Un pareil régime durât-il ou ne durât-il pas, serait la source d'incalculables malheurs, car le peuple ne saurait accepter une reculade de trois siècles.

A part quelques rares et très-louables exceptions, qui possède la science aujourd'hui? Qui travaille? Qui fait progresser les arts et l'industrie? Ce ne sont certes pas messieurs les marquis, les comtes et les ducs, ni même quelques roturiers enrichis qui les imitent et escamotent à leur profit tous les bienfaits de 89, lesquels ne satisfont plus leur coupable vanité. Ceux-ci se conduisent à l'égard de leur bienfaitrice — nous avons nommé la Révolution — comme ces

enfants ingrats à l'égard de leurs parents qui
n'ont rien épargné pour leur procurer tous
les avantages d'une fortune dont ils veulent
absolument être les seuls maîtres et la gas-
piller selon leurs vices et leurs passions.

A côté de ces intrigants de haut et bas
étages, de ces accapareurs d'affaires, d'hon-
neurs et de sinécures, que voyons-nous?
Le peuple qui, malgré eux, enfante par son
génie des miracles autrement vrais, autrement utiles que ceux de *Lourdes* et de
l'infernal Krupp; qui par ses créations inces-
santes dans tous les genres a doté la France
surtout, depuis des siècles, de produits
nationaux qui font la fortune du pays et qui
lui ont permis d'être encore debout après
avoir perdu dix milliards et deux provinces
dans une guerre entreprise sans le consulter.

Le peuple français possède aujourd'hui un
trésor qu'il a arraché des mains de ses oppres-
seurs après cent ans de luttes : ce trésor
c'est le suffrage universel qui lui garantit un

meilleur avenir en récompense de ses sacrifices présents et passés ; mais les pourfen-
deurs de l'ancien régime le lui contestent ;
ils entendent gouverner à leur guise, et,
pour arriver à leur fin, ils sont allés — ceci
est de notoriété publique, — troubler, dans
sa douce quiétude, un homme qui a toujours vécu loin de la France parce qu'elle le
répudie à juste titre ; qui n'a par conséquent
jamais rien fait pour elle, si ce n'est peut-
être lui susciter des embarras dans l'ombre
et le mystère, et dont ils prétendraient se
servir pour nous précipiter dans des abîmes
et des complications inextricables et sans
fin, sous prétexte qu'il est l'élu de Dieu après
ses ancêtres. Voilà, qu'on nous permette
cette observation, un Dieu qui serait bien
méchant !

Le peuple y verra, nous l'espérons, assez
clair cette fois pour empêcher, par ses votes
intelligents et par son attitude hostile à certaine presse vénale et sans nom, une pareille

iniquité, une si monstrueuse usurpation après tant d'autres. Il ne sera pas dit qu'après les encyclopédistes et tous ceux qui ont payé de leur fortune et de leur vie nos droits imprescriptibles, indiscutables, une poignée d'hommes sans principes et souvent sans moralité politique, viendront par d'insidieuses et frauduleuses manœuvres, par des promesses qu'ils ont toujours faites et qu'ils n'ont jamais tenues — *comment d'ailleurs auraient-ils pu les tenir puisqu'elles sont en contradiction flagrante avec le but qu'ils poursuivent,* — nous ravir en un jour, en un instant toutes nos conquêtes de 1789, 1830 et 1848.

Malgré tant de déboires, nous avons encore l'espoir que la confusion des ennemis de la société moderne sera complète, et pour qu'il en soit ainsi, que faut-il ? Il ne faut plus de révolutions dont le peuple fait toujours tous les frais, mais il faut du courage civique, de la vigilance, car si cet implacable ennemi

ignore les moindres notions de la vraie justice et du travail, s'il ne produit rien d'utile;
s'il vit en partie d'aumônes ; si dans le mé-
canisme social il n'est que l'agent du fana-
tisme et des futilités, il sait du moins toutes
les subtilités pour tromper, pour intimider
les consciences timorées , et pour amener à
composition l'élément qui le gêne dans ses
projets réactionnaires.

On peut donc être certain qu'il ne négli-
gera rien ; il dispose de moyens si puissants!
Mais son arme la plus terrible, la plus redou-
table, celle qui lui a donné tant de fois gain
de cause, c'est ce quelque chose de vague,
de tortueux, d'indéterminé qui trouble les
esprits, leur fait douter du lendemain et rap-
pelle un peu les anciens pactes de famine
qui consistaient surtout à entraver le travail,
unique source de bienfaits et de liberté pour
les masses.

Qui ignore aujourd'hui que c'est là l'éternelle tactique des royalistes radicaux, et que

c'est en ruinant le petit commerce, la petite industrie, en affamant les populations qu'on espère les amener peu à peu à accepter la chose la plus détestable de toutes et qui ravale l'homme au niveau de la brute : *la servitude.*

Heureuses les générations futures si elles comprennent que la liberté, que l'égalité, que la fraternité ne peuvent leur être octroyées par un homme quel que soit le drapeau qu'il arbore ; mais malheur à elles si restant toujours enfermées dans le cercle vicieux qui semble avoir été tracé par Satan, puisque, après dix-neuf siècles de christianisme, après tant de luttes et de nobles dévouements, les peuples, constamment abusés par quelques hommes intéressés à les maintenir dans l'ignorance et l'abjection, en sont encore à chercher la vraie voie par laquelle ils seront appelés à de meilleures destinées. Cette voie est cependant, selon nous, toute simple, toute tracée ; mais elle a été telle-

ment encombrée par les brouillons et les
méchants, qu'il faudra un certain travail
pour la rendre praticable après tant de
vaines théories, de sophismes et de cago-
tisme.

Hasarder aujourd'hui que la suppression
des armées permanentes serait un grand
bienfait, non-seulement au point de vue de
la production agricole, mais encore pour
tant de travaux qui languissent faute de
bras, ce serait nous exposer aux sarcasmes
de ceux qui ont intérêt à perpétuer l'état de
choses existant, et à des objections irréfu-
tables en présence du fait accompli qui
exige qu'il y ait constamment en Europe
huit à dix millions d'hommes tout prêts à
s'entr'égorger au moindre signal, à la moindre difficulté qui surgit, et souvent pour de
subalternes et personnels intérêts, comme on
l'a vu dans la funeste et injuste guerre du
Mexique.

Dire tout ce qui pourrait être accompli en

travaux de toute nature par tant d'hommes chargés de défendre quelquefois la patrie menacée, mais souvent aussi le despotisme ; mettre sous les yeux du lecteur le tableau des richesses immenses que de semblables masses d'individus feraient surgir des entrailles de la terre, quels travaux gigantesques ils pourraient exécuter, pour cause d'utilité publique ; dire ce qu'on verrait en travaux de routes, de plantations, de défrichements, de canaux etc., avec la moitié de ce que coûte l'armée, serait donner de trop amers regrets à ceux qui de bonne foi croient que les opinions contraires aux nôtres sont meilleures, et peut-être quelque remords à ceux qui ont tant abusé, qui ont fait si grande parade de la force brutale, pour que l'Europe qui devrait être, à l'heure où nous écrivons ces lignes, un *Eldorado*, non-seulement par la confraternité des peuples qui la composent, mais aussi par le commerce, l'industrie et les arts poussés à un degré que la plus brillante imagination concevrait à peine, ne soit au contraire, qu'un vaste camp.

Mais abandonnons ce rêve, cette panacée que la méchanceté de quelques tyrans qui veulent l'état de guerre en permanence empêchera longtemps de se réaliser, et bornons-nous à nous entretenir d'une chose plus praticable et que les hommes de bonne volonté pourront peut-être voir se réaliser un jour. Nous voulons encore parler de l'impôt après en avoir défini en quelques mots, la cause, le moyen et le but.

La cause, c'est que des hommes vivant en société ont forcément besoin d'un budget et d'un pouvoir central chargé de connaître et d'administrer la fortune publique ; le moyen c'est la perception équitable sur chaque membre de cette même société suivant la position qu'il y occupe ; le but, c'est la juste répartition des deniers publics pour les différents services, pour les différents travaux à exécuter dans l'intérêt de tous.

Toutes ces choses ont-elles été observées scrupuleusement jusqu'ici ? Hélas, non ! n'en déplaise à nos optimistes !

Et voilà pourquoi, indépendamment des désastres de la guerre qui prend aux nations leurs enfants les plus robustes et une grande partie de leurs revenus, les peuples sont de plus en plus écrasés, de plus en plus appauvris par des impôts injustes et vexatoires.

C'est ici, qu'on y songe bien, un mal grave, le plus grave de tous et celui auquel il serait cependant le plus facile de remédier par une chose très-simple et que la routine des gouvernements a repoussée jusqu'ici. Il s'agit de l'*impôt sur le capital*. Comme il ne nous est pas possible, dans le cadre restreint d'une simple brochure, de dire pourquoi nous sommes partisan de cet *impôt unique*, nous prenons la liberté de renvoyer le lecteur aux ouvrages qui traitent cette importante matière, et notamment à l'excellent travail qui a été fait tout récemment à ce sujet par

M. Menier dont la haute et si honorable position dans les affaires, lui permet de voir les choses pratiques un peu plus sainement que ne les voient en général nos politiques et nos économistes de fantaisie.

En terminant cette simple esquisse, qu'on veuille bien nous permettre de dire un mot de ce qu'on appelle le *socialisme* dont les uns se prévalent pour influencer la bourgeoisie et même certains rentiers microscopiques, et les autres pour faire croire au peuple qu'ils sont pétris d'un autre limon que le reste des mortels, et qu'ils possèdent le *nec plus ultra* de la science qui doit donner le bonheur.

Les premiers, on le sait, veulent le retour et la stabilité dans les institutions politiques d'un passé fourmillant d'abus et de vexations; les autres croient devoir régénérer l'espèce humaine par l'application de choses impossibles, incompatibles avec la nature même. Exclusifs dans leurs vues personnel-

les et reportant tout à une idée fixe en dehors
du mouvement général des esprits, ils auraient la prétention de tout soumettre à leurs
chimères, créer des hiérarchies absurdes et
parquer les hommes ainsi que des castors
sous l'autorité de quelques illuminés passa-
blement enclins *al dolce far niente.*

Entre ceux-ci et les jésuites il n'y a de dif-
férence que dans le nom car le résultat serait
absolument le même.

D'autres, les *naïfs, les déshérités,* les dupes
des intrigants et des parjures, fondent tout
leur espoir dans une démocratie guidée
malheureusement encore par de creux, ambitieux et perfides discoureurs qui la trompent
pour l'abandonner ensuite à des errements
exagérés qui peuvent tout compromettre, et
dont les résultats n'auraient pas plus de
durée dans le présent que dans le passé
parce qu'ils seraient la négation de tout ce
qu'il y a de grand, de beau, de sublime
dans une société civilisée qui ne demande

qu'à être régie par le travail et des lois qui
l'honorent, le protégent et le dégrèvent de
toutes les charges dont il est accablé, et
qui n'a nul désir, si elle parvient à se tirer
des griffes des jésuites, de se jeter dans les
bras de quelques paresseux et crapuleux
énergumènes.

Voilà le salut ; tout le reste est pure folie.

Donc plus de théories exclusives, éner-
vantes et dissolvantes, que le bon sens réprouve et qui font toujours beaucoup plus
l'affaire de ceux qu'elles prétendent combattre que de ceux qu'elles sont censé pro-
téger. Que le drapeau de la République soit
le seul admis, car c'est la République seule,
parce qu'elle est impersonnelle, qui peut, en
modifiant les lois et en les appliquant également
ment à tous les citoyens, nous garantir nos
droits lorsque nous aurons fait *notre devoir*.

Quant au peuple, et par ce mot nous en-
tendons indiquer tous ceux qui se croient
obligés de se dévouer au bien public, tous

ceux qui exercent une fonction utile, les autres n'étant pas, selon nous, dignes de ce nom dont d'ailleurs ils ne s'inquiètent guère; si après tant d'étapes instructives, ils ne comprenaient pas qu'étant vingt fois plus nombreux que ceux qui les oppriment et dont l'unique rôle dans la société est de jouir de tous ses bienfaits sans en partager les charges; si, disons-nous, le peuple se laisse anéantir soit par une coupable indifférence, soit par des promesses dont il devrait ce nous semble apprécier enfin la valeur, nous le disons avec sincérité, car nous ne voulons flatter personne, et surtout ceux que nous aimons, il méritera bien qu'on maintienne ce vieil adage : Que le peuple n'a jamais que ce qu'il mérite.

15 avril 1874.

Toulon. — Typ. L. LAURENT, rue Nationale, 49.

www.ingramcontent.com/pod-product-compliance
Lightning Source LLC
Chambersburg PA
CBHW060811280326
41934CB00010B/2641